MARTINA GATTERMANN

Auf gefährlichen W

„LABYRINTH"

Die Bücher der Serie unterscheiden sich von anderen Lesebüchern für freies Lesen durch ihren Aufbau: Der Leser entscheidet selbst den Handlungsablauf. Am Ende der kurzen Kapitel gibt es jeweils zwei Möglichkeiten für den weiteren Verlauf der Geschichte. Der Leser entscheidet selbst, welcher Spur er folgen möchte. Das heißt auch, dass ein Buch mehrere Geschichten beinhaltet, abhängig davon, welchen Handlungsabläufen man als Leser folgt.

Am Ende jedes Kapitel ist dieses Symbol

das signalisiert, dass der Leser entscheiden muss, welchem Weg er folgen wird.

MARTINA GATTERMANN

Auf gefährlichen Wegen

ILLUSTRATIONEN VON
PALLE SCHMIDT

Martina Gattermann
Auf gefährlichen Wegen

ILLUSTRATIONEN
Palle Schmidt

GRAFIKER
Finn Petersen / art being

VERLAGSREDAKTION
Flemming Nygaard

ISBN Dänemark: 978-87-23-90649-6

www.easyreader.dk

Gedruckt in Dänemark von
Sangill Grafisk Produktion, Holme Olstrup

Einleitung

Benjamin ist 15 Jahre alt und wohnt mit seinen Eltern und seiner 9-jährigen Schwester Nina in Braunfels. Braunfels ist eine kleine Stadt im Bundesland Hessen. Heute ist Samstag, und die Familie sitzt am Frühstückstisch. Sie haben es ein bisschen eilig, weil die Eltern heute nach Gießen fahren. Sie nehmen dort an einem Kongress teil. Benjamin muss währenddessen auf seine kleine Schwester aufpassen. Deshalb ist er ein bisschen sauer. 5

„Wir sind spätestens um fünf heute Abend wieder zu Hause", sagt die Mutter, „das schaffst du schon, Benjamin." 10

Benjamin brummt etwas.

„Ich brauche aber gar keinen Babysitter", sagt Nina, „ich kann auf mich selbst aufpassen. Ich kann rübergehen zu Maria, und wir…"

„Maria ist heute mit ihren Eltern in Frankfurt", sagt die Mutter, „du bleibst bei Benjamin." 15

„Ihr könnt ja nach Gießen mitfahren, wenn ihr wollt", sagt der Vater, „dann kann Benjamin dir die Stadt zeigen."

„Ja", ruft Nina begeistert, „ich möchte so gern ins Mathematikum!" 20

„Ins Mathematikum!", sagt Benjamin, „das ist ein Mathematik-Museum! Ich war mal mit der Schule dort. Stinkelangweilig war das!"

„Ihr könnt auch hier bleiben", sagt die Mutter, „und vielleicht das Schloss besuchen." 25

„Ja, das Schloss!" ruft Nina, „da möchte ich gern hin."

---

währenddessen in der Zeit
stinkelangweilig sehr langweilig

„Da warst du doch schon", sagt Benjamin.

„Ja, aber ich möchte nochmal hin, bitte Benjamin", sagt Nina.

„So ein altes Schloss, das ist doch mega uncool",
5 brummt Benjamin.

„Na also", sagt der Vater und steht auf, „jetzt müsst ihr euch entscheiden, Braunfels oder Gießen."

a) Nina und Benjamin bleiben in Braunfels – Seite 6.
b) Nina und Benjamin fahren mit den Eltern nach Gießen
   – Seite 9.

Sie bleiben in Braunfels

„Dann fahren wir jetzt", sagt die Mutter, „pass gut auf deine Schwester auf, Benjamin."

„Ja klar", sagt Benjamin.
20 Die Eltern fahren ab. Nina hat schon ihre Jacke angezogen.

„Komm, Benjamin", sagt sie, „wir gehen zum Schloss."

„Ja ja, ich komm' ja schon", sagt Benjamin.

Sie gehen durch die schmalen Straßen von Braunfels.
25 Das Schloss liegt hoch auf einem Felsen. Es sieht aus wie eine echte Ritterburg. Um das Schloss herum ist eine Mauer. Das Tor ist offen, aber am Kiosk hängt ein Schild.

---

entscheiden sagen was man will
Felsen kleiner Berg
Tor →

„Heute geschlossen", steht auf dem Schild.

„Nein!", jammert Nina, „ich will das Schloss sehen."

„Kannst du aber nicht", sagt Benjamin, „du siehst ja, dass es geschlossen ist."

5 „Aber wir können in den Schlosshof gehen", sagt Nina, „der ist offen."

Sie rennt durch das nächste Tor. Benjamin folgt ihr. Jetzt stehen sie im Schlosshof. Links sehen sie den hohen Bergfried und rechts den Eingang zum Schloss, das also heute

10 geschlossen ist.

Sie sind ganz allein im Schlosshof. Benjamin findet es ein bisschen unheimlich, aber Nina ist begeistert. Sie hat gerade in der Schule etwas über Schloss Braunfels gelernt.

„Der Bergfried ist 48 Meter hoch, und das Schloss ist

15 800 Jahre alt", sagt sie.

„So", sagt Benjamin, „aber jetzt gehen wir. Wenn jemand kommt..."

„Es ist ja niemand hier", sagt Nina, „können wir nicht... warte einen Moment. Die Tür steht ja offen."

20 Jetzt sieht auch Benjamin, dass die Eingangstür nicht ganz geschlossen ist.

„Gehen wir hinein!", sagt Nina. Ihre Augen glänzen vor Begeisterung.

„Das geht doch nicht", sagt Benjamin, aber Nina steht

25 schon auf der Treppe.

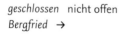 *a) Nina und Benjamin gehen in das Schloss – Seite 10.*
b) Nina und Benjamin gehen in Stadt zurück
    – Seite 12.

---

geschlossen nicht offen
Bergfried →

8

Sie fahren mit den Eltern nach Gießen

Es ist nicht so einfach, in Gießen einen Parkplatz zu finden, aber endlich finden sie einen, in der Nähe vom Zentrum.

„So", sagt der Vater, „wenn ihr hier nach rechts geht, kommt ihr zum Mathematikum. Es öffnet um zehn Uhr. Und wenn ihr nach links geht, kommt ihr in die Fußgän- 5 gerzone. Da könnt ihr euch die Geschäfte angucken. Wir holen euch um zwei Uhr wieder hier ab."

„Und Benjamin", sagt die Mutter, „pass gut auf Nina auf."

„Klar Mutti", sagt Benjamin. 10

„Na, dann macht's gut", sagt der Vater, „also hier nach links und..."

„Ja Vati, ich weiß schon den Weg", sagt Benjamin.

Die Eltern fahren wieder ab. Sie müssen in die Univer- sität. Benjamin sieht auf die Uhr. Es ist zehn Minuten vor 15 zehn.

„Na, gehen wir ins Mathematikum, oder machen wir einen Stadtbummel?", fragt er.

„Ins Mathematikum!", sagt Nina.

„Es gibt aber viele interessante Geschäfte in Gießen, 20 viel mehr als bei uns in Braunfels", lockt Benjamin, „große Kaufhäuser wie Karstadt und Kaufhaus Horten."

Fußgängerzone Straße wo keine Autos fahren
Geschäft da wo man man etwas kaufen kann
einen Stadtbummel machen in der Stadt herumgehen

„Ich will trotzdem lieber ins Mathematikum", sagt Nina.

„Wir haben aber genug Zeit", sagt Benjamin, „Mutti und Vati kommen ja erst in vier Stunden zurück. Für das Mathematikum haben wir nach dem Stadtbummel Zeit."

5 Nina denkt nach.

a) *Nina und Benjamin gehen ins Mathematikum*
   – Seite 14.
b) *Nina und Benjamin machen einen Stadtbummel*
   – Seite 17.

Sie gehen in das Schloss

Langsam und vorsichtig gehen sie durch die Tür. Es ist niemand da. Alles ist sehr still. Sie gehen weiter. Durch einen Gang kommen sie in den Rittersaal. Da stehen viele alte Rüstungen, und an den Wänden hängen gewaltige
20 Lanzen und andere Waffen. An der Tür steht eine Kiste mit Filzpantoffeln. Die muss man über seine Schuhe ziehen, bevor man in den Saal geht. Mit den Filzpantoffeln kann man über den glatten Fußboden rutschen, wie auf Eis. Das macht Riesenspaß. Nina jagt Benjamin durch den Saal.
25 Aber plötzlich bleiben beide stehen.

Da, mitten im Saal, steht jemand. Es ist eine Frau in

Waffen →
Filzpantoffeln ↘

einem langen weißen Kleid.
Aber sie sieht nicht aus wie
ein normaler Mensch. Sie ist
halb durchsichtig.

Gespenst

durchsichtig

„Ein Gespenst", flüstert
Nina.

„Quatsch", sagt, Benjamin,
„es gibt keine Gespenster."
Aber seine Stimme zittert.

Die weiße Frau sagt nichts, aber sie sieht sehr traurig
aus. Nina sagt vorsichtig:

„Äh... ich heiße Nina, und das ist mein Bruder Benjamin. Wir..."

„Ich heiße Johanna von Solms. Vor 300 Jahren habe ich
in diesem Schloss gelebt."

„Vor 300 Jahren!", rufen Benjamin und Nina.

„Seitdem habe ich geschlafen", spricht die weiße Frau
weiter, „und jetzt habt ihr mich aufgeweckt." Sie sieht auf
einmal böse aus.

„Entschuldigen Sie bitte", sagt Nina, „wir wussten ja
nicht..."

„Warum habt ihr mich aufgeweckt? Ich will wieder
schlafen! Helft mir, damit ich wieder einschlafen kann."

„Aber wie sollen wir...", beginnt Benjamin.

„Helft mir!", ruft die weiße Frau.

Die Rüstungen fangen an zu wackeln. Eine Lanze fällt
mit einem Krach auf den Fußboden. Benjamin dreht sich
um. Die Tür zum Gang steht noch offen.

a) *Nina und Benjamin flüchten – Seite 18.*
b) *Nina und Benjamin helfen der weißen Frau – Seite 20.*

Sie gehen in die Stadt zurück

Am Marktplatz bleibt Nina stehen.

„Ich möchte ein Eis," sagt sie, „da drüben im Café haben sie das beste Eis."

„O.K.", sagt Benjamin. Er hat eigentlich auch Lust auf
5 ein Eis, und sie gehen ins Café.

Es sind nicht viele Gäste da. An einem Tisch sitzen zwei junge Mädchen und trinken Cappucino. An einem anderen Tisch sitzt ein Mann und liest die Zeitung. Nina und Benjamin essen ihr Eis. Dann sagt Nina auf einmal:
10 „Ich muss auf die Toilette."

„Dann mach' schnell", sagt Benjamin, „ich will nach Hause."

Nina geht. Benjamin wartet. Die beiden Mädchen zahlen und verlassen das Café. Der Mann mit der Zeitung sitzt
15 immer noch da. Endlich kommt Nina zurück, aber sie ist ganz aufgeregt.

„Komm mit", flüstert sie, „du musst mitkommen, jetzt sofort."

„Wohin? Auf die Toilette?", fragt Benjamin verwundert.
20 „Na, komm schon!", sagt Nina und zieht an seiner Jacke.

Sie gehen in den Gang, der zu den Toiletten führt.

„Ich habe etwas gefunden", sagt Nina und holt ein Päckchen aus ihrer Tasche. Es enthält ein weißes Pulver.

„Wo hast du das gefunden?", fragt Benjamin
25 „Es war kein Papier mehr da", erklärt sie, „und dann

Marktplatz Platz mitten in der Stadt
Päckchen →

habe ich eine Packung mit Toilettenpapier aufgemacht, aber in der Packung war nicht nur Toilettenpapier. Da waren auch viele so kleine Päckchen. Was glaubst du, was es ist, Benjamin?"

5 „Das ist bestimmt Heroin oder sowas", sagt Benjamin.

„Was ist Hero... Heroin?", fragt Nina.

„Das ist nichts für Kinder", sagt auf einmal eine Stimme hinter ihnen.

Da steht der Mann, der im Café Zeitung gelesen hat.

10 Hinter ihm steht die Kellnerin. Der Mann sieht sehr streng aus.

„Gib sofort das Päckchen her!", sagt er.

Nina und Benjamin wollen weglaufen. Aber der Mann ruft:

15 „Nein, stehenbleiben! Bleibt hier!"

a) Nina und Benjamin bleiben stehen – Seite 22.
b) Nina und Benjamin laufen weg – Seite 24.

Sie gehen ins Mathematikum

Im Mathematikum sind schon viele Gäste. Nina rennt
25 gleich in den ersten Stock. Da gibt es viele Puzzles, die man legen kann. Zum Beispiel soll man aus vielen kleinen Quadraten ein großes Quadrat machen. Das ist gar nicht einfach, aber Nina schafft es nach einigen Minuten.

„Cool", sagt Benjamin.

Kellnerin Dame, die Essen und Getränke serviert

Holzlatten

Bauklötze

Er selbst versucht, aus vielen kleinen Holzlatten eine Brücke zu bauen. Das macht Spaß. Eigentlich ist das Mathematikum gar nicht so langweilig, denkt er.

Sie bleiben lange im Mathematikum und machen viele verschiedene Experimente. Da sehen sie plözlich eine Tür, die halb offen steht. Aus der Tür dringt ein sonderbares Licht. Sie gehen hinein und sind jetzt in einem kleinen Raum. Auf einem Tisch liegen viele bunte Bauklötze. An der Wand hängt ein großes Schild. Benjamin liest:

PREISAUSSCHREIBEN
Baue eine Pyramide und gewinne den großen Preis

„Was ist der große Preis?", fragt Nina.

„Das steht hier nicht", sagt Benjamin, „aber man muss wohl aus den Bauklötzen eine Pyramide bauen."

„Na, versuchen wir es", sagt Nina.

Sie versuchen es. Natürlich ist es nicht einfach. Sie arbeiten lange, aber sie schaffen es nicht.

Plötzlich steht ein Mann im Raum. Sie haben nicht gehört, dass er gekommen ist, und die Tür ist zu. Es ist ein bisschen unheimlich.

„Braucht ihr Hilfe?", fragt er und lächelt.

Brücke →
Preisausschreiben Aufgabe, wo man
   etwas gewinnen kann

„Das ist doch Mogeln", sagt Benjamin.

„Ach nein", sagt der Mann, „ein bisschen Hilfe ist in Ordnung. Also soll ich euch helfen?"

a) Nina und Benjamin sagen ja – Seite 26.
b) Nina und Benjamin sagen nein – Seite 27.

Mogeln   nicht ehrlich spielen

Sie machen einen Stadtbummel

In der Fußgängerzone gehen sie erst zu Karstadt. Nina möchte in die Spielwarenabteilung. Benjamin möchte sich am allerliebsten die neusten Computerspiele ansehen, aber er kann ja Nina nicht allein lassen. Also geht er mit in die Spielwarenabteilung. Nina verliebt sich sofort in einen großen Teddybären. Er ist rosa und kostet 29 Euro.

„Bist du nicht zu groß für Teddys?", fragt Benjamin.

„Er ist aber sooo süß", sagt Nina und knuddelt den rosa Teddy.

„Komm jetzt", sagt Benjamin ungeduldig und will gehen.

Da kommen zwei von seinen Kumpels aus dem Gymnasium vorbei. Sie sind mit einem dritten Jungen zusammen, den Benjamin nicht kennt.

„He, Benni, bist du Babysitter geworden?", grinst der eine.

„Halt die Klappe, Nico", sagt Benjamin, aber er grinst auch.

Nico stellt den fremden Jungen vor.

„Das ist mein Cousin Philipp. Er wohnt hier in Gießen."

Die Jungen unterhalten sich über Computerspiele. Nina wird ungeduldig, aber Benjamin bemerkt es nicht. Nico sagt:

Spielwarenabteilung hier kann man z.B. Lego kaufen
knuddeln umarmen
Kumpel Freund

„In der Multimedia-Abteilung haben sie das neue World of Warcraft.“

„Cool“, sagt Benjamin, „na, gehen wir. Komm Nina.“

„Ich will lieber hier bleiben“, sagt Nina.

5 „Das geht nicht“, sagt Benjamin, „du musst mitkommen.“

„Du kannst ja gehen“, sagt Nina, „ich bleibe hier. Wenn du fertig bist, kannst du mich abholen.“

a) Benjamin besteht darauf, dass Nina mitkommt – Seite 29.

b) Benjamin geht allein mit den Jungen – Seite 31.

Sie flüchten

Nina und Benjamin rennen zur Tür. Aber jetzt ist die weiße Frau wirklich wütend. Die Kinder hören einen Schrei, dann
20 ein Gebrüll, dann sehr viel Lärm. Es klingt, als ob alle Rüstungen hinter ihnen herlaufen.

„Hilfe!“, schreit Nina.

Benjamin packt sie am Arm und versucht die Tür zu erreichen. Da stößt er mit einer Rüstung zusammen. Die
25 Rüstung hat ein Schwert in der Hand. Nina schreit wieder. Benjamin gibt der Rüstung einen kräftigen Fußtritt,

---

wütend sehr böse

Fußtritt →

und sie fällt um. Benjamin rennt mit Nina durch die Tür
und knallt sie zu. Dann rennen die beiden los. Sie wissen
nicht mehr wo sie sind. Sie rennen durch Räume mit alten
Möbeln und vielen Gemälden, aber sie sehen nichts davon.
Endlich bleibt Benjamin stehen. Er ist ganz außer Atem.　5
Nina lässt sich auf den Fußboden fallen. Sie weint.

„So", tröstet Benjamin, „jetzt sind wir in Sicherheit."

„Sind sie weg, die Gespenster?", schluchzt Nina.

„Ja", sagt Benjamin und lauscht. Er hört nichts.

„Aber wo sind wir?", fragt Nina.　10

Benjamin sieht sich um. Sie sind in einem kleinen
Raum. Die Tür hinter ihnen ist zugefallen. Vor ihnen ist
eine Wendeltreppe.

„Ich glaube, wir sind im Bergfried", sagt er.

Da hören sie plötzlich, dass jemand die Treppe her-　15
unterkommt. Benjamin will die Tür öffnen, aber es geht
nicht. Und es gibt keinen anderen Ausgang.

„Was machen wir jetzt?", fragt Nina und fängt wieder an
zu weinen.

Die beiden Kinder stehen starr vor Schreck, als die　20
Schritte näher kommen. Dann sehen sie einen großen
Mann, der langsam die Treppe herunterkommt.

Lies auf der Seite 33 weiter

Gemälde →　　
weinen → →

19

Sie helfen der weißen Frau

„Was müssen wir denn machen?", fragt Nina.

„Ich will schlafen", sagt die weiße Frau und schließt die Augen.

Eine Rüstung, die gerade hinter Benjamin steht, wackelt
5 wieder. Er dreht sich um. Er findet, dass die Rüstung etwas aggressiv aussieht.

„Wie sollen wir sie zum Schlafen bringen?", fragt er, „wir können ihr doch nicht Schlaftabletten geben."

„Wir haben auch keine", sagt Nina.

10 „Wenn unser Mathelehrer nur hier wäre", brummt Benjamin, „der ist so langweilig, dass er jeden zum Schlafen bringt."

„Jetzt weiß ich es!", ruft Nina, „wir singen ihr ein Wiegenlied."

15 „Gute Idee!", sagt Benjamin.

„Ich kenne aber kein Wiegenlied", sagt Nina, „kennst du eins?"

Die Rüstung hinter Benjamin wackelt wieder. Die weiße Frau sieht ihn sehr böse an.

20 „Tu doch etwas!", ruft er Nina zu.

Da nimmt Nina ihr Handy aus der Tasche und drückt ein paar Mal. Musik tönt aus dem Apparat.

„Ich glaube nicht, dass „99 Luftballons" ein Wiegenlied ist", flüstert Benjamin.

25 Aber die weiße Frau findet anscheinend die Musik gut. Als die Nummer zu Ende ist, sagt sie:

Wiegenlied das singt man, wenn ein Kind schlafen soll

„Wo kommt diese wunderbare
Musik her? Das ist ja Zauberei.
Kann ich das nochmals hören?"

„Ja klar!", sagt Nina.

5 „Dann schlafe ich bestimmt ein.
Und ihr sollt nachher durch den
Keller gehen. Dort werdet ihr eine
Belohnung finden."

Zauberei

Nina spielt die Nummer wieder.

10 Die Frau wird immer undeutlicher, und zum Schluss ist sie
ganz verschwunden. Die Rüstungen stehen wieder still.

„Jetzt aber nichts wie weg!", sagt Benjamin.

„Aber unsere Belohnung", sagt Nina, „wir sollten ja
durch den Keller..."

15 „Durch den Keller", sagt Benjamin, „ich weiß nicht..."

a) Nina und Benjamin gehen durch den Keller – Seite 35.

a) Nina und Benjamin gehen durch den Keller – Seite 35.
*b) Nina und Benjamin verlassen sofort das Schloss
– Seite 36.*

Sie bleiben stehen

25 „Wir haben nichts getan", sagt Benjamin.

„Ja, schon gut", sagt der Mann, „jetzt erzählt mir aber,
was ihr gefunden habt und wo."

Nina und Benjamin haben Angst. Aber die Kellnerin
lächelt.

Belohnung das bekommt man, wenn man etwas Gutes gemacht hat

„Ihr braucht keine Angst zu haben", sagt sie, „der Herr ist von der Polizei."

„Ja, ich bin Roland Ullmann von der Kriminalpolizei", sagt der Mann und zeigt Benjamin seinen Polizeiausweis, „ich überwache seit vier Tagen dieses Café. Was habt ihr also gefunden?" 5

Benjamin gibt ihm das Päckchen. Nina sagt:

„In der Toilettenpapier-Packung sind noch viel mehr Päckchen."

„Ist es Heroin?", fragt Benjamin. 10

„Ja, vielleicht", sagt der Polizist, „aber jetzt müsst ihr verschwinden. Sagt der Kellnerin eure Namen und Adresse und geht dann nach Hause."

Benjamin will protestieren, aber die Kellnerin geleitet ihn und Nina zurück ins Café. Dort schreibt sie ihre Na- 15 men und die Adresse auf.

„Soll ich eure Eltern anrufen, damit sie euch abholen können?", fragt sie.

„Nein, unsere Eltern sind in Gießen", sagt Benjamin, „aber was ist denn hier eigentlich los?" 20

„Die Polizei versucht, eine Bande von Drogenhändlern zu fangen."

„Ach so, und die haben also ihre Drogen im Toilettenpapier versteckt."

„Genau, und jetzt ruft Herr Ullmann Verstärkung, damit 25 sie die Händler fangen können, wenn sie ihre Waren abholen."

Polizeiausweis →
Drogen Heroin und Kokain sind Drogen

23

„Cool", sagt Benjamin, „wie im Film."

„Nein, das kann ganz gefährlich werden", sagt die Kellnerin, „deshalb gehst du jetzt mit deiner Schwester nach Hause, bevor es losgeht."

Sie gehen auf die Straße. Es ist niemand auf dem Marktplatz.

„Wann kommt die Polizei?", fragt Nina.

„Ich weiß nicht", sagt Benjamin, „aber ich möchte gern sehen, was passiert, wenn sie kommen."

„Die Kellnerin hat gesagt, wir sollen nach Hause gehen", sagt Nina.

a) Nina und Benjamin bleiben im Café – Seite 38.
b) Nina und Benjamin gehen nach Hause – Seite 40.

Sie laufen weg

Nina und Benjamin rennen zurück ins Café und weiter auf die Straße. Da stehen die zwei Mädchen, die im Café gesessen haben. Sie sind mit einem jungen Mann zusammen.

„He, was ist los?", fragt der junge Mann.

Benjamin bleibt stehen. Er ist ganz außer Atem.

„Da war... ein Mann", keucht er.

„Der war böse", sagt Nina, „weil wir sein Pulver gefunden haben."

Benjamin zeigt dem jungen Mann das Päckchen mit dem weißen Pulver. Der schnappt es aus seiner Hand.

„Wie sah er aus, der Mann?", fragt er.

„Groß und ganz rot im Gesicht, und er hat eine Brille und…"

„Ach du Scheiße", sagt das eine Mädchen, „das ist der Mann im Café. Das ist bestimmt ein Bulle. Konrad, was machen wir?" 5

„Sara, du gehst zurück zum Café. Pass auf, dass dich niemand sieht. Caro, du kommst mit."

„Und die zwei?", fragt Caro.

„Die kommen auch mit", sagt Konrad.

Caro packt Nina und hält ihr den Mund zu, damit sie 10 nicht schreien kann. Konrad hat auf einmal ein Messer in der Hand.

„So, und jetzt gehen wir", sagt er.

Sie gehen durch ein Tor in einen Hof und weiter in einen anderen Hof. Dort gehen sie in ein Haus, und Konrad 15 führt Benjamin und Nina in einen Keller.

„Da bleibt ihr, und keinen Mucks, verstanden?", sagt er und will gehen. Aber dann kommt er wieder zurück.

„Gebt mir eure Handys", sagt er, „damit ihr keine Dummheiten macht." 20

Nina und Benjamin müssen ihre Handys hergeben. Konrad nimmt sie und steckt sie in die Tasche. Dann geht er und sperrt von außen die Tür zu.

Lies auf der Seite 42 weiter

Bulle Polizist
Messer →
keinen Mucks nichts sagen

Sie sagen ja

Der Mann nimmt einige Bauklötze und legt sie aufeinander. Plötzlich kann Benjamin sehen, wie die Pyramide gebaut werden muss. Nina sieht es auch und beginnt zu bauen. Der Mann ist wieder verschwunden.

5   Nun ist die Pyramide fertig.

„Wir haben den großen Preis gewonnen!", jubelt Nina.

Da wird der Raum plözlich ganz hell. Das Schild ist verschwunden, und stattdessen sehen sie eine offene Tür, die in einen langen Gang führt. Das Licht kommt aus dem

10 Gang. Eine freundliche Stimme ruft:

„Kommt herein. Hier bekommt ihr den großen Preis."

Nina und Benjamin gehen langsam durch den Gang. Sie kommen in einen großen Raum. Da stehen sonderbare Statuen, und an den Wänden sind Bilder und Zeichen. Es

15 sieht aus wie im alten Ägypten. Eine Frau kommt ihnen entgegen. Sie hat ein langes weißes Kleid an und sieht auch aus wie jemand aus dem alten Ägypten.

„Herzlich willkommen", sagt sie, „wir sind sehr froh, dass ihr gekommen seid. Kommt mit."

20 Die Frau führt sie in einen anderen Raum. Da sitzen viele Männer und schreiben mit Tinte auf langen Blättern von Papier.

„Papyrus!", denkt Benjamin, „aber das gibt's ja nicht."

„Wo sind wir?", flüstert Nina.

Tinte   →

Benjamin antwortet nicht. Die Frau zeigt auf einen Tisch mitten im Raum. Da stehen Schalen mit Obst und Brot und zwei Pokale. Die Frau nimmt die zwei Pokale und reicht Nina und Benjamin je einen Pokal.

„Trinkt", sagt sie, „und ihr könnt auch essen. Soviel ihr wollt." 5

„Wir wollten eigentlich nur unseren Preis haben", sagt Benjamin.

„Ah", sagt die Frau, „aber ihr wollt doch sicher einen Moment hierbleiben. Jetzt solltet ihr erstmal essen und 10 trinken, und dann bekommt ihr euren Preis."

a) Nina und Benjamin essen und trinken – Seite 43.
b) Nina und Benjamin wollen sofort gehen – Seite 46.

Sie sagen nein

Der Mann ist wieder verschwunden. Nina und Benjamin 20 versuchen, allein die Pyramide zu bauen. Nach einer Weile geben sie auf.

„Schade", sagt Nina, „ich hätte gern den großen Preis gewonnen."

„Die Aufgabe war total unmöglich", sagt Benjamin. 25

Am Ausgang steht eine Betreuerin und nickt freundlich. Benjamin fragt sie:

„Was ist eigentlich der große Preis in dem Preisausschreiben?"

Obst Äpfel und Bananen sind Obst
Betreuerin Frau, die im Museum arbeitet

„Was für ein Preisausschreiben?", fragt die Betreuerin.

„Na, da in dem kleinen Raum, wo man eine Pyramide bauen soll", sagt Benjamin, „ich sage Ihnen, diese Aufgabe ist total unmöglich."

5 „Pyramide? Wir haben doch kein Preisausschreiben mit einer Pyramide? Wo hast du gesagt, war das?"

„Oben in einem kleinen Raum. Kommen Sie mit, ich zeige es Ihnen."

Die Betreuerin geht mit ihnen nach oben. Sie gehen in 10 den Raum, wo die Tür war.

„Da", sagt Benjamin und zeigt auf die Tür, „da ist der kleine Raum."

Die Frau sieht ihn ungläubig an. Dann geht sie hin und öffnet die Tür. Es ist der Notausgang.

15 „Aber das gibt's doch nicht!", sagt Benjamin.

„Das finde ich gar nicht lustig", sagt die Frau, „ich habe keine Zeit für sowas. Geh' hin und bau' eine Brücke, anstatt das Personal zu belästigen."

ENDE

Notausgang

28

Benjamin besteht darauf, dass Nina mitkommt

Nina lässt sich nicht überreden. Benjamin diskutiert lange mit ihr, und die drei Jungen amüsieren sich köstlich, aber zum Schluss gehen sie.

„Viel Spaß beim Babysitten!", ruft Nico.

Benjamin ist sauer. Er setzt sich auf einen Stuhl und mault. Nina sieht sich die Spielsachen an. Nach ungefähr zehn Minuten kommt sie zu Benjamin.

„Jetzt können wir in die Multimedia-Abteilung gehen, wenn du willst", sagt sie.

„Jetzt will ich aber nicht mehr", mault Benjamin.

„Bist du sauer?", fragt Nina.

Benjamin steht auf und geht los. Nina folgt ihm. Plötzlich bleibt sie stehen und bückt sich. Er bemerkt es nicht. Sie gehen auf die Straße.

„Wo gehen wir hin?", fragt Nina.

„Weiß ich nicht", sagt Benjamin.

Er steckt beide Hände in die Taschen und marschiert los. Da merkt er, dass sein Handy nicht in der Tasche ist. Er sucht in allen Taschen, aber es ist weg.

„Was ist?", fragt Nina unschuldig.

„Mein neues Handy", sagt Benjamin, „es ist weg. Papa bringt mich um."

„Du hast es sicher im Kaufhaus verloren", sagt Nina, „du

---

sich amüsieren →
maulen → →
er bringt mich um   er tötet mich

29

solltest besser auf deine Sachen aufpassen. Sagt Mutti auch immer."

„Lass den Quatsch", sagt Benjamin, „wir müssen zurück."

„Nicht nötig", sagt Nina und gibt ihm das Handy, „es ist aus deiner Tasche rausgefallen. Gut, dass ich es gesehen habe." 5

„Warum hast du mir es nicht gleich gegeben?", fragt Benjamin und schnappt das Handy.

„Weil du so sauer warst", sagt Nina und lacht. 10

Jetzt lacht Benjamin auch.

„O.K.", sagt er, „wo gehen wir jetzt hin?"

„Ins Mathematikum!", sagt Nina.

„Na gut", sagt Benjamin.

Lies auf der Seite 14 weiter

Benjamin geht allein mit den Jungen

„In zwanzig Minuten bin ich wieder hier", sagt Benjamin, „und du bleibst so lange in der Spielwarenabteilung." 25

„O.K.", sagt Nina.

Die Jungen gehen. In der Multimedia-Abteilung sehen sie sich die neuen Spiele an. Es gibt auch Spiele im Sonderangebot, und die Jungen kaufen insgesamt fünf Spiele.

Sonderangebot sehr billig

„Gehen wir zu mir nach Hause", sagt Philipp, „da können wir spielen. Ich wohne hier gleich um die Ecke."

„Aber ich muss ja bald meine Schwester abholen", sagt
Benjamin.

5 „Komm doch mit", sagt Philipp, „du kannst ja in einer
Viertelstunde wieder gehen."

Also gehen die Jungen zu Philipp und spielen. Sie spielen sehr lange. Es macht Spaß. Auf einmal sagt Philipp:
„Ich habe Hunger. Gehen wir mal was essen?"

10 Da fällt Benjamin ein, dass er Nina abholen muss. Das
hatte er ganz vergessen. Er guckt auf die Uhr: Vielleicht
sind die zwanzig Minuten ja noch nicht vergangen? Aber
es sind nicht nur zwanzig Minuten, sondern anderthalb
Stunden vergangen. Benjamin wird blass.

15 „Meine Schwester", sagt er, „ich muss sie abholen. Ich
bin über eine Stunde zu spät."

„Die ist bestimmt ganz schön sauer", sagt Philipp.

Aber Benjamin hört es nicht. Er rennt wie verrückt
aus der Wohnung und zum Kaufhaus zurück. Ganz außer
20 Atem erreicht er die Spielwarenabteilung. Nina ist nicht
da. Er sucht zwischen den Regalen mit Teddybären und
Puppen. Sie ist verschwunden. Er fragt das Personal, ob sie
ein kleines Mädchen mit Jeans und Kapuzenjacke gesehen
haben. Niemand hat sie gesehen.

25 „Was mache ich jetzt", denkt Benjamin. Am liebsten

Viertelstunde 15 Minuten
anderthalb 1¹/₂
Puppe →
Kapuzenjacke ↘

möchte er die Eltern anrufen. Aber vielleicht ist Nina nur
in eine andere Abteilung gegangen.

Soll er allein weitersuchen?

a) Benjamin ruft die Eltern an – Seite 48.
b) Benjamin sucht allein weiter – Seite 49.

Der große Mann

Der Mann bleibt auf der Treppe stehen. Er hat einen blau-
en Arbeitsanzug an und sieht ganz freundlich aus.

„Was macht ihr denn hier?", fragt er.

Benjamin kann nichts sagen, und Nina weint nur. 15

„Was ist denn mit euch?", fragt der Mann und lächelt,
„ihr seht ja aus, als hättet ihr ein Gespenst gesehen."

„Haben wir auch", sagt Benjamin, „im Rittersaal."

„Ja, eine weiße Frau", sagt Nina, „und sie war sehr böse,
und die Rüstungen haben uns verfolgt und..." 20

„Ja, aber ich habe der einen Rüstung einen Fußtritt
gegeben", sagt Benjamin, „dass sie nur so hingeflogen ist,
und dann..."

„Was ist denn das für ein Quatsch", sagt der Mann, „wie
seid ihr denn überhaupt reingekommen? Das Schloss ist 25
heute geschlossen."

„Ja, aber... aber wir sind eben reingegangen", sagt Benjamin.

„Und dann sind wir in den Rittersaal gegangen", sagt
Nina, „und da waren die Gespenster." 30

---

es ist Quatsch es stimmt nicht

„Aber der Rittersaal ist heute abgesperrt", sagt der Mann, „das weiß ich mit Sicherheit. Der Fußboden wurde gestern lackiert. Man kann gar nicht in den Rittersaal gehen."

5 „Aber...", sagen beide Kinder.

„Kommt mit", sagt der Mann, „dann zeige ich euch, dass es in unserem Rittersaal keine Gespenster gibt."

Nina und Benjamin gehen mit dem Mann. Er führt sie durch mehrere Räume, und endlich stehen sie vor der Tür 10 zum Rittersaal. Sie ist ganz richtig verschlossen. Der Mann nimmt ein Schlüsselbund aus seiner Tasche und schließt die Tür auf.

Im Rittersaal sieht alles ganz normal aus. Die Rüstungen stehen an ihren Plätzen, und alle Waffen hängen an der 15 Wand. Es riecht stark nach Lack.

„Da seht ihr", sagt der Mann, „keine Gespenster. Ihr wart überhaupt nicht im Rittersaal. Das war alles nur in eurer Fantasie."

Benjamin denkt, dass der Mann vielleicht Recht hat. 20 Vielleicht war alles nur Fantasie. Da zieht Nina an seinem Ärmel und zeigt auf ihre Füße. Benjamin sieht, dass sie beide noch die Filzpantoffel über ihren Schuhen haben.

ENDE

Schlüsselbund

Ärmel

Sie gehen durch den Keller

Sie finden ohne Probleme die Kellertreppe. Sie ist schmal und steil. Unten ist eine Tür, die in eine Rumpelkammer führt. Da stehen alte Möbel und viele andere Sachen. In einem Karton liegen einige Bücher.

„Hier muss bestimmt unsere Belohnung sein", sagt Nina wühlt in einer Kiste mit alten Küchengeräten.

„Das sind doch nur alte Sachen", sagt Benjamin, „wir gehen weiter."

Sie gehen durch einen Gang. Da sind viele Türen, aber sie sind alle geschlossen. Zum Schluss kommen sie zu einer Treppe, die ins Freie führt.

„Also nichts!", sagt Benjamin, „da war gar keine Belohnung."

„Warte einen Moment", sagt Nina. Sie ist auf der Treppe stehen geblieben.

„Was hast du da?," fragt Benjamin.

Sie zeigt ihm einen Ring.

„Den habe ich hier auf der Kellertreppe gefunden. Vielleicht ist er wertvoll."

„Ach was, der ist bestimmt aus Blech", sagt Benjamin, „lass ihn liegen."

Aber Nina nimmt den Ring mit. Sie sind jetzt im Schlosspark und müssen den Weg zurück finden.

„Ich glaube, wir müssen in diese Richtung gehen", sagt Benjamin.

Rumpelkammer Raum mit vielen alten Sachen
Küchengeräte Sachen, die man in der Küche braucht
wertvoll es kostet viel Geld

Da kommt auf einmal ein Mann auf sie zu.

„Was macht ihr denn hier?", sagt er, „das Schloss ist heute geschlossen."

„Ja, das wissen wir", sagt Nina, „aber wir wollten... wir
5 machen nur einen Spaziergang im Park. Und da habe ich diesen Ring gefunden."

Sie gibt dem Mann den Ring. Er macht große Augen.

„Wo hast du den Ring gefunden?", fragt er.

„Dort bei der Kellertreppe", sagt Nina, „wir sind vorbei-
10 gegangen, und da habe ich ihn gesehen."

„Aber das ist ja der Ring der heiligen Elisabeth", sagt der Mann, „der Ring ist vor drei Tagen aus dem Schloss ver-schwunden."

„Und... ist er wertvoll?", fragt Benjamin.
15 „Wertvoll!", sagt der Mann, „es ist das wertvollste Stück im ganzen Schloss. Ihr bekommt einen Finderlohn, ganz bestimmt. Und ihr habt den Ring so ganz zufällig gefun-den?"

„Ja", sagt Benjamin, „ganz zufällig."

ENDE

Sie verlassen sofort das Schloss

Sie laufen durch den Gang und in den Schlosshof. Es ist
30 kein Mensch da, auch kein Gespenst.

„Glaubst du, dass es wirklich ein Gespenst war?", fragt Nina.

„Ich weiß nicht, was es war", sagt Benjamin, „aber ich bin froh, dass wir wieder draußen sind."

Sie gehen noch eine Weile in der Stadt spazieren, dann gehen sie nach Hause und spielen am Computer.

Am Abend kommen die Eltern wieder zurück. Sie sind müde und interessieren sich nicht viel dafür, was die Kinder gemacht haben. Nina und Benjamin erzählen auch nicht vor ihren Erlebnissen im Schloss. $_{5}$

Zwei Tage später geht Benjamin in die Schule. Seine Kumpels sind alle ganz aufgeregt. $_{10}$

„Was ist denn passiert?", fragt er.

„Stell dir vor", erzählt sein Freund Thomas, „der Martin aus der Klasse 5b, der hat 200 Euro bekommen."

„Wofür?"

„Er war mit seiner Freundin im Schlosspark, und da hat er $_{15}$ einen Ring gefunden. Der Ring war irgendwann aus dem Schloss verschwunden, und Martin hat ihn also gefunden."

„Und dafür hat er 200 Euro bekommen?"

„Ja, das war der Finderlohn. Der Ring war eben sehr wertvoll." $_{20}$

"Wo genau hat er ihn gefunden?"

„Das weiß ich doch nicht", sagt Thomas, „he, Martin, wo genau hast du den Ring gefunden?"

Martin steht in einer anderen Gruppe und erzählt von seinem Glück. Er dreht sich um und sagt: $_{25}$

„Auf einer Kellertreppe, genau vor der Kellertür."

ENDE

Weile Zeit
Kumpel Freund
wertvoll es kostet viel Geld

Sie bleiben im Café

Nina und Benjamin schleichen sich zurück ins Café. Da ist niemand. Sie verstecken sich hinter einer Tür. Nach einer Weile kommt ein Auto. Es ist kein Streifenwagen, sondern ein ganz normales Auto. Zwei Männer und eine Frau stei-
5 gen aus. Sie sprechen mit Roland Ullmann, und die Frau geht in die Damentoilette.

„Wer sind die Leute?", flüstert Nina.

„Polizisten", flüstert Benjamin, „sei ruhig."

Jetzt passiert eine Weile nichts. Nina wird langsam un-
10 geduldig. Dann kommen zwei Männer ins Café. Sie rufen die Kellnerin und bestellen Kaffee. Fünf Minuten später kommt eine junge Frau. Sie geht sofort zu den Toiletten. Nina will nachfolgen, um zu sehen was passiert. Benjamin hält sie zurück, aber die beiden Männer haben sie gesehen.
15 „Was macht ihr denn da, warum habt ihr euch ver-steckt?", fragt der eine Mann.

„Wir waren nur... wir gehen jetzt", sagt Benjamin.

„Nein, du bleibst hier!", sagt der Mann und packt Benja-min am Arm, „und die Kleine auch."
20 „Ich bin nicht klein", protestiert Nina.

„Setzt euch!", sagt der Mann, „seid ruhig!"

Er hat ein Messer in der Hand. Nina ist ganz blass vor Schreck. Der andere Mann schleicht sich zur Tür, der zu den Toiletten führt. Er kommt sofort zurück.
25 „Marko, die Bullen sind da", flüstert er, „was machen wir?"

Streifenwagen Polizeiauto
Messer siehe Seite 25
die Bullen die Polizei

„Kein Problem", sagt Marko, „wir haben ja Geiseln."

Da hören sie auf einmal Lärm. Eine Frau schreit, und ein Mann ruft:

„Stehenbleiben! Hände hoch! Annika Bauer, Sie sind
5 verhaftet."

„Steh auf", sagt Marko zu Benjamin, „und geh langsam und ruhig zur Tür. Dirk, du nimmst die Kleine."

Dirk hält mit der einen Hand Nina fest. In der anderen hat er eine Pistole. Benjamin spürt Markos Messer in
10 seinem Rücken.

Lies auf der Seite 51 weiter

Sie gehen nach Hause

Nina und Benjamin gehen langsam über den Marktplatz. Alles ist ruhig.
20 An der Buchhandlung bleiben sie stehen. Benjamin guckt sich die Comichefte im Schaufenster an. Nina beobachtet ein junges Mädchen auf der anderen Seite der Straße. Jetzt kommt eine Frau auf sie zu. Die beiden sprechen miteinander, und die Frau gibt dem Mädchen eine blaue
25 Tragetasche. Dann geht sie wieder. Das Mädchen rennt um die Ecke. Ohne dass Benjamin es bemerkt, folgt Nina nach.

---

beobachten sehen
Tragetasche →

Sie sieht, dass das Mädchen in ein Haus verschwindet.
Dann geht sie zu Benjamin zurück.

Auf einmal hören sie Sirenen.

„Das ist die Polizei!", sagt Benjamin, „sie fahren zum
Café! Komm!" 5

Beide rennen zurück zum Café. Da stehen zwei Polizeiautos, und es haben sich schon viele Zuschauer versam-
melt. Roland Ullmann steht vor der Tür und diskutiert mit
zwei anderen Polizisten.

„Was ist passiert?", fragt Benjamin einen der Zuschauer. 10

„Ich glaube, jemand hat Drogen im Café versteckt", sagt
der Mann, „aber die Verbrecher sind anscheinend mit den
Drogen verschwunden."

Benjamin und Nina gehen wieder. Als sie über den Platz
gehen, fragt Nina: 15

„Waren die zwei Mädchen im Café auch Verbrecher?"

„Nee, glaube ich nicht. Warum?", fragt Benjamin.

„Ich habe die eine gesehen", sagt Nina, „drüben bei der
Buchhandlung. Sie hat eine blaue Tragetasche bekommen,
von einer Dame, und dann ist sie in das gelbe Haus um die 20
Ecke gegangen."

Benjamin ruft: „Komm!", und rennt zurück.

Ullmann steht noch vor dem Café. Benjamin drängt
sich vor.

„Herr Ullman, waren die Drogen in einer blauen Trage- 25
tasche?", fragt er.

„Habe ich nicht gesagt, ihr sollt nach Hause gehen?",
sagt Ullmann, „aber ja, die Drogen waren in einer blauen
Tragetasche. Woher weißt du das?"

Benjamin erzählt, was er von Nina gehört hat. 30

Verbrecher kriminelle Person

Ullmann spricht kurz mit seinen Kollegen, und dann fahren die zwei Polizeiautos ab. Ullmann wendet sich an Benjamin.

„Prima", sagt er, „du bist ja ein echter Sherlock Holmes."

5 „Ich nicht", sagt Benjamin, „meine Schwester."

ENDE

Sie sind eingesperrt

„Warum haben sie uns eingesperrt?", fragt Nina. „Wer sind sie? Und wer war der Mann im Café?"

15 „Sie sind Verbrecher", sagt Benjamin, „Drogenhändler wahrscheinlich, und der Mann im Café war von der Polizei."

„Aber warum..."

„Sei ruhig!"

20 Nina fängt an zu weinen.

„Sei ruhig, habe ich gesagt. Sonst kommt der Konrad wieder."

Sie sitzen eine Weile und sagen nichts. Nina weint nicht mehr. Plötzlich sagt sie:

25 „Das Fenster da."

Benjamin guckt auf das Kellerfenster. Es ist sehr klein und sehr dreckig.

Verbrecher kriminelle Person
Drogenhändler Leute, die Heroin verkaufen
weinen →
dreckig sehr schmutzig

„Was ist damit?", fragt er.

„Es ist nicht ganz zu", sagt Nina, „vielleicht können wir es aufmachen und abhauen."

„Das Fenster ist zu klein", sagt Benjamin, „und es ist auch zu gefährlich." 5

Nina gibt aber nicht auf. Sie öffnet das Fenster soweit es geht und steckt den Kopf hinaus.

„Nina, pass auf", sagt Benjamin.

„Es ist niemand im Hof", sagt Nina, „wir können abhauen." 10

„Das Fenster ist zu klein für mich", sagt Benjamin."

„Aber nicht für mich", sagt Nina.

a) Nina bleibt im Keller – Seite 52.
b) Nina läuft weg – Seite 54.

Sie essen und trinken

Benjamin nimmt den Pokal und trinkt. Es ist irgendein Fruchtsaft, und er schmeckt wunderbar. Auch das Obst ist prima. Benjamin isst einen Apfel und einen Pfirsich, und Nina isst drei Aprikosen. Sie fühlen sich beide sehr wohl, und sie haben alles über den großen Preis vergessen. 25

„So", sagt die Frau, „jetzt wollen wir arbeiten. Ihr habt viel Mathematik gelernt."

„Ja", sagt Nina.

„Nein", sagt Benjamin.

---

abhauen weglaufen
Pfirsich →

„Doch", sagt die Frau, „wir können viel von euch lernen.
Deshalb haben wir euch ausgewählt. Ihr sollt uns helfen,
eine Pyramide zu bauen."

„Warum wollt ihr eine Pyramide bauen?", fragt Benja-
5 min.

„Pharao hat es befohlen", sagt die Frau.

„Pharao", sagt Benjamin, „aber das ist ja... wir leben ja
nicht zur Zeit Pharaos."

„Nein, das stimmt", sagt die Frau, „du kommst aus einer
10 anderen Zeit. Aber wir haben dich und deine Schwester zu
uns geholt, damit du uns helfen kannst."

„Wir sind ins alte Ägypten gekommen", sagt Nina,
„cool!"

„Ich weiß nicht, wie cool das ist", sagt Benjamin, „ich
15 bin so schlecht in Mathe. Und wie kommen wir wieder
zurück?"

„Vielleicht ist es nur ein Traum", sagt Nina.

„Ja klar", sagt Benjamin, „natürlich ist es ein Traum. Es
kann ja gar nicht wahr sein."

20 Ein Mann kommt mit einem Papyrusblatt. Darauf ist
eine Zeichnung von einer Pyramide.

„Wir müssen die Winkel und die Flächen berechnen
können, bevor wir sie bauen", sagt der Mann.

„O.K.", sagt Benjamin, „das hatten wir doch vorige Wo-
25 che in der Schule. Wie war das nochmal?"

Er denkt nach. Die Formel weiß er so ungefähr, aber er
hat ja seinen Taschenrechner nicht dabei.

Traum   wenn man schläft, träumt man

Taschenrechner →

Flächen   Winkel

44

„Das wird schwierig", denkt er, „aber es ist ja nur ein Traum."

Lies auf der Seite 59 weiter

Sie wollen sofort gehen

„Wir möchten lieber nach Hause", sagt Benjamin.

„Und der Preis?", fragt die Frau.

„Äh... das ist egal", sagt Benjamin.

„Wie du willst", sagt die Frau und stellt die Pokale auf
5 den Tisch, „ihr könnt gehen. Es tut mir leid, dass ihr nicht
bleiben wollt."

Auf einmal wird alles neblig. Der ganze Raum verschwindet im Nebel. Aber sie sehen den Gang, der zurück

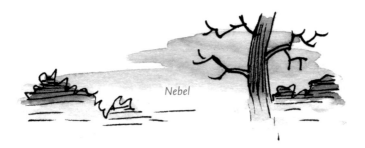

Nebel

ins Mathematikum führt. Der Gang ist sehr lang, findet
Benjamin, und sehr dunkel. Aber endlich sind sie wieder
20 im Museum.

„Oh, Gott sei Dank", sagt Benjamin und setzt sich auf
eine Bank.

Um sie herum ist es plötzlich sehr still. Alle Leute im
Raum stehen und starren sie an. Ein Polizist mit einem
25 Funkgerät kommt auf sie zu.

„Du bist doch Benjamin Rehbein, nicht wahr", sagt er,
„und das ist deine Schwester Nina."

Funkgerät Radio

„Ja", sagt Benjamin, „aber warum..."

Der Polizist spricht in sein Funkgerät. Er sagt, dass die Kinder wieder da sind. Die Eltern sollen sofort kommen. Benjamin versteht kein Wort.

„Erzählt uns jetzt, was passiert ist", sagt der Polizist, „wo wart ihr?" 5

Benjamin und Nina erzählen alles, was sie erlebt haben. Eine Betreuerin aus dem Museum sagt:

„Aber wir haben kein Preisausschreiben. Wir haben auch keinen kleinen Raum, wo man eine Pyramide bauen 10 soll."

„Aber wir waren doch...", Benjamin sieht sich um. Die Tür zum Raum muss ja hier sein. Aber er sieht nur eine Tür, und das ist der Notausgang.

„Jetzt sind eure Eltern gleich hier", sagt der Polizist, 15 „dann erzählt ihr alles noch einmal. Ganz ruhig."

Benjamin guckt auf die Uhr.

„Wir sollen um zwei Uhr unsere Eltern am Parkplatz treffen", sagt er, „jetzt ist ja erst ein Uhr."

„Was für ein Tag ist heute?", fragt der Polizist. 20

„Samstag natürlich", sagt Benjamin.

„Mein Junge, heute ist Donnerstag", sagt der Polizist, „ihr wart fünf Tage verschwunden."

ENDE

Betreuerin Frau, die im Museum arbeitet
Notausgang siehe Seite 28

Benjamin ruft die Eltern an

Benjamin holt sein Handy aus der Tasche. Aber die Batterie ist ausgelaufen. Er rennt auf die Straße, um eine Telefonzelle zu finden, aber es gibt nicht mehr so viele Telefonzellen, weil ja alle Leute ein Handy haben. Es fällt ihm ein,
5 dass seine Freunde etwas essen wollten. Er sucht in zwei Imbissbuden, bevor er sie findet. Er erklärt ihnen die Situation und fragt, ob er ein Handy leihen kann.

„Klar", sagt Nico und reicht ihm sein Handy.

Aber auf einem fremden Handy hat er ja nicht die
10 Nummern, die er braucht. Nur eine Nummer hat er im Kopf, und er glaubt, es ist die Nummer von seiner Mutter. Mit zitternden Fingern drückt er die Nummer.

„Ja", sagt eine Stimme, aber es ist nicht seine Mutter. Es ist Nina.

15 „Nina!", schreit Benjamin, „wo bist du? Warum hast du Muttis Handy?"

„Ich habe nicht Muttis Handy", sagt Nina, „das ist mein Handy. Und wo bist du? Warum bist du nicht gekommen? Und warum hast du dein Handy ausgemacht, ich habe dich
20 hundertmal angerufen."

„Ich habe es nicht ausgemacht", sagt Benjamin, „die Batterie ist ausgelaufen. Aber wo bist du jetzt?"

„Ich stehe vor einem Eiscafé. Es heißt Ve... Vene..."

„Venezia", sagt Benjamin, „ich weiß, wo das ist. Ich
25 komme sofort."

Zehn Minuten später sitzen Nina und Benjamin im Eiscafé Venezia und essen Schokoladeneis. Benjamin ist überglücklich.

„Hast du Angst gehabt?", fragt er.

„Nee, warum?", fragt Nina, „ich hätte ja Mutti anrufen können."

„Äh, Nina", sagt Benjamin, „Mutti braucht nicht zu wissen, dass du so lange allein warst. Vati auch nicht. Verstehst du. Wir sagen nichts." 5

„Warum nicht?"

„Die schimpfen dann. Ich sollte ja auf dich aufpassen."

„Ich will den rosa Teddybären haben", sagt Nina," sonst sage ich Mutti alles."

„Das ist Erpressung", sagt Benjamin, „ich habe gar nicht 10 so viel Geld. Aber du kannst... eine Barbiepuppe haben."

Nina denkt einen Moment nach.

„O.K.", sagt sie.

ENDE

Benjamin sucht allein weiter

Benjamin rennt durch das ganze Kaufhaus. Er sucht in allen Abteilungen, auch in der Cafeteria, und er fragt Angestellte und Kunden. Aber niemand hat ein kleines Mädchen mit einer roten Kapuzenjacke gesehen.

Dann rennt er auf die Straße. Aber wo soll er suchen? Es 25 gibt ja so viele Geschäfte. Es fällt ihm ein, dass Nina auch ein Handy hat. Er kann sie anrufen, dann weiß er, wo sie ist. Aber sein Handy funktioniert nicht. Die Batterie ist ausgelaufen. Und auswendig weiß er Ninas Nummer nicht.

---

schimpfen böse Worte sagen
Angestellte Leute, die im Kaufhaus arbeiten

Unfallwagen

Pflaster

Also sucht er weiter. Er rennt durch viele Straßen und in viele Geschäfte. Zum Schluss weiß er nicht mehr, wo er ist.

Da sieht er einen Unfallwagen an einer Ecke stehen. Er rennt hin. Es stehen schon viele Leute um die Unfallstelle.

„Was ist passiert?", fragt er.

„Ein junger Mann ist mit einem Motorrad in die Fußgängerzone gefahren", sagt ein Mann, „zwei Fußgänger sind verletzt."

15 „Wer sind die Fußgänger?", fragt er.

„Eine Frau und ein Mädchen", sagt der Mann.

Benjamin drängt sich vor. Die Frau sitzt auf dem Pflaster und wird vom Notarzt behandelt. Das Mädchen liegt auf einer Bahre. Sie hat anscheinend ihr Bein gebrochen.

20 Aber es ist nicht Nina.

Benjamin rennt weiter. Er guckt auf die Uhr und sieht, dass es schon halb drei ist. Und um zwei sollte er mit Nina am Parkplatz sein. Er rennt noch einmal zu Karstadt. Vielleicht ist Nina zurückgekommen.

25 Auf der anderen Seite der Straße bleibt er stehen. Vor dem Kaufhaus steht ein Polizeiauto. Und am Eingang steht seine Mutter und spricht ganz aufgeregt mit einem Polizisten.

Lies auf der Seite 57 weiter

Nina und Benjamin
sind Geiseln

Im Gang vor den Toiletten stehen die Polizisten und die
Frau, die vorher im Café war. Sie ist verhaftet, und eine
Polizistin hält ihre Arme fest. Auf dem Fußboden liegt die
Toilettenpapier-Packung, in der die Drogen versteckt sind,
und daneben liegt eine blaue Tasche. 5

„Lass Annika gehen", sagt Marko zu Ullmann, „oder wir
bringen die Kinder um."

Ullmann versucht, mit den Verbrechern zu diskutieren,
aber es führt zu nichts. Dann sagt er:

„O.K., Annika Bauer kann gehen." 10

Die Polizistin lässt die verhaftete Frau los. Marko sagt:

„Annika, nimm die Sachen und geh', du weißt wohin.
Mach' schnell."

Annika legt die Drogen-Päckchen in die blaue Tasche.
Alle haben ihre Augen auf Annika gerichtet. Dirk hat im- 15
mer noch seine Pistole in der Hand, aber er hat vergessen,
Nina festzuhalten. Auf einmal hat sie sich losgerissen und
rennt weg.

„Nina!", schreit Benjamin.

„Lass sie laufen", ruft Marko, „wir haben ja den Jungen!" 20

Jetzt ist Annika fertig. Sie rennt durch den Gang zur
Hintertür. Neben der Hintertür steht ein Stapel von Bierkisten. Als sie fast an der Tür ist, fällt der Stapel um. Annika
stolpert, fällt hin und bleibt mitten in den zer-

---

umbringen töten
stolpern →

brochenen Bierflaschen liegen. Ullmann stößt Benjamin weg und entwaffnet Marko. Die anderen Polizisten entwaffnen ohne Probleme Dirk. Die Polizistin kümmert sich um Annika.

5 Und neben ihr steht Nina. Sie ist unverletzt und grinst sogar. Benjamin rennt zu ihr.

„Wo warst du? Was ist passiert?", fragt er.

„Ich habe mich hinter den Bierkisten versteckt", sagt sie, „aber dann ist die Dame gekommen, und ich habe ge-
10 glaubt, sie will mich fangen, und dann habe ich den Stapel umgeworfen. Es war gar nicht schwer, da waren ja nur leere Flaschen drin."

„Das hast du aber gut gemacht, Kleine", sagt die Polizistin.

15 „Ich bin nicht klein", sagt Nina.

ENDE

Nina bleibt im Keller

Benjamin macht das Fenster zu. Aber er bleibt stehen und guckt hinaus. Eine Weile passiert nichts. Dann kommen
25 plötzlich zwei Männer in den Hof. Der eine ist der Mann aus dem Café. Benjamin öffnet das Fenster und ruft:

„Hallo! Hallo, wir sind hier eingesperrt!"

Der Mann aus dem Café kommt zum Fenster und bückt sich.

---

unverletzt ok
umgeworfen zum Fallen gebracht

„Seid ihr o.k.?", fragt er.

„Ja", sagt Benjamin, „da war ein Mann auf dem Markt-platz, und der ist Drogenhändler, und die beiden Mädchen im Café sind seine Komplizinnen und sie haben uns gefan-gen und..." 5

„Ja, das wissen wir alles", sagt der Mann, „wo sind die Mädchen und der Mann jetzt?"

„Oben im Haus", sagt Benjamin.

„Wartet", sagt der Mann, „wir kommen gleich und las-sen euch raus." 10

Dann verschwinden die beiden Männer ins Haus. Nina und Benjamin warten.

„Wann kommt er und lässt uns raus?", fragt Nina.

„Ich weiß nicht", sagt Benjamin.

„Aber er ist doch von der Polizei", sagt Nina, „du hast 15 gesagt, er ist von der Polizei."

„Ich bin nicht mehr so sicher", sagt Benjamin.

Jetzt hören sie Lärm auf der Treppe. Die Tür wird aufge-schlossen, aber nicht geöffnet.

„Drinbleiben!", ruft eine Stimme, „nicht rauskommen!" 20

„Denkste", sagt Benjamin, „wir bleiben keine Minute länger."

Er nimmt Nina bei der Hand und rennt aus dem Keller. Im Hof sehen sie die beiden Männer wieder. Sie halten Konrad fest, und er schimpft und flucht und versucht sich 25 loszureißen. Da fährt ein rotes Auto in den Hof.

Eine Frau sitzt am Steuer. Sie rollt die Scheibe herunter

Komplizinnen sie arbeiten mit Konrad zusammen
Denkste das denkst du
schimpfen, fluchen schlimme Worte sagen
Scheibe Fenster eines Autos

und hat eine Pistole in der Hand. Nina versucht, wegzulaufen.

"Pass auf!", schreit Benjamin, aber es ist zu spät.

Die Frau schießt, und Nina fällt um.

Lies auf der Seite 56 weiter

Nina läuft weg

Bevor Benjamin reagieren kann, schlüpft Nina durch das offene Fenster. Er sieht, dass sie über den Hof rennt und verschwindet.

15 Nach einer Weile kommt jemand und öffnet die Tür. Es ist Konrad. Und hinter ihm steht der Mann aus dem Café.

"Sie sind... also doch nicht von der Polizei", sagt Benjamin.

"Doch", sagt der Mann und zeigt ihm seinen Polizei-
20 ausweis, "Roland Ullmann von der Kriminalpolizei. Komm jetzt mit nach oben."

Keiner von den Männern hat bemerkt, dass Nina nicht da ist. Oben im Haus steht noch ein Polizist.

"Und jetzt", sagt Roland Ullmann, "erzählst du mir
25 bitte, was du in dem Café gemacht hast, und warum du mit 300 Gramm Heroin abgehauen bist?"

"Aber das war doch... Sie glauben doch nicht...", Benjamin versteht gar nichts.

"Du hast diesem Mann", er zeigt auf Konrad, "ein
30 Päckchen mit 300 Gramm Heroin gegeben. Mitten auf

Polizeiausweis siehe Seite 23

dem Marktplatz. Das habe ich mit meinen eigenen Augen gesehen."

„Er arbeitet für eine Bande", sagt Konrad, „und dann hat er mich mit einem Bandenmitglied verwechselt."

„Das stimmt nicht!", schreit Benjamin, „meine Schwes- 5
ter hat das Heroin gefunden..."

„Und er benutzt seine kleine Schwester als Kurier", sagt Konrad.

„Wo ist denn übrigens deine kleine Schwester?", fragt Ullmann. 10

Da geht auf einmal die Tür auf. Herein kommen Caro und Sara, Konrads zwei Komplizinnen – mit Nina.

„Die Kleine ist abgehauen", sagt Caro, „aber ich habe sie gefangen."

„Die Bullen sind im Café, und sie haben die Sachen 15
gefunden", sagt Sara.

„Sara, halt die Klappe!", schreit Konrad.

Sara bemerkt jetzt erst die zwei Polizisten. Sie und Caro lassen Nina los und rennen zur Tür hinaus. Konrad will auch flüchten, aber die Polizisten halten ihn fest. 20

„Glauben Sie jetzt, dass ich unschuldig bin?", fragt Benjamin.

„Naja, es sieht wohl so aus", brummt Ullmann und lächelt.

25

ENDE

Bandenmitglied einer, der in einer Bande ist
Komplizinnen sie arbeiten mit Konrad zusammen

Das Drama im Hof

Jetzt passiert sehr viel auf einmal. Benjamin rennt verzweifelt zu Nina. Konrad reißt sich los und springt ins Auto,
die Frau fährt wie der Blitz rückwärts aus dem Hof und ist
weg. Die zwei Männer

5   laufen zu Benjamin und
Nina.

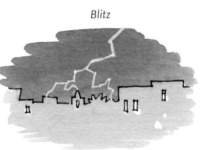

Blitz

Aber Benjamin ist nicht
mehr verzweifelt. Nina ist
nämlich ganz unversehrt.

10 Das heißt nicht ganz. Sie
heult und hält sich mit
beiden Händen das linke
Knie.

„Was ist denn passiert?", fragt der Mann aus dem Café.

15 „Ich bin hingefallen und habe mir das Knie verletzt",
jammert Nina.

„Das ist bestimmt nicht so schlimm", tröstet der Mann,
„versuch jetzt mal, aufzustehen."

Nina steht auf. Ihre Hose ist zerrissen, und das Knie

20 blutet ein bisschen, aber sonst ist nichts passiert.

Der Mann sieht Benjamin sehr streng an.

„Ich habe gesagt, ihr sollt im Keller bleiben", sagt er,
„aber ihr seid in den Hof gegangen."

„Ja, das war dumm", sagt Benjamin.

---

unversehrt ok
heulen →

„Und warum seid ihr aus dem Café geflüchtet?", fragt der Mann weiter.

„Das war... auch dumm", sagt Benjamin, „aber ich hatte Angst. Ich habe ja nicht gewusst, wer Sie sind."

„Ich bin Roland Ullmann von der Kriminalpolizei. Und jetzt..."

Benjamin unterbricht ihn: „Werden Sie die Drogenhändler fangen?"

„Die sind jetzt schon über alle Berge", sagt Ullmann, „wir wissen nur, dass sie einen roten Audi fahren. Wir haben nicht einmal die Autonummer."

„F-DE 42 56", sagt Nina.

„Was?", fragt Ullmann, „hast du das wirklich gesehen?"

„Ja", sagt Nina, „ich merke mir immer Autonummern."

„Na, das hilft uns sehr viel", sagt Ullmann, „und jetzt gehen wir zurück zum Café. Da bekomme ich eure Namen und eure Adresse, und wir rufen eure Eltern an. Und dann bekommst du ein Pflaster auf dein Knie und ein großes Eis."

„Super", sagt Nina.

ENDE

Die Polizei sucht...

Benjamin rennt über die Straße. Seine Mutter sieht ihn und ruft:

„Da ist er! Oh Gott, Benjamin, wo bist du gewesen?"
Sie umarmt ihn und heult. Es ist ganz peinlich.

„Wo... wo ist Nina?", fragt Benjamin.

„Nina? Sie sitzt in der Cafeteria mit Vati. Aber wo warst du? Wir suchen dich seit zwei Stunden."

„Was? Die Polizei ist wegen mir hier?"

5   Die Mutter hört nicht zu. Sie hat ihr Handy in der Hand und ruft den Vater an. Sie erzählt ihm, dass Benjamin wieder da ist. Der Polizist verabschiedet sich und geht.

„Warum hast du dich nicht gemeldet?", fragt die Mutter, „wir haben dich doch angerufen. Wo ist dein Handy?"

10   „Es ist... die Batterie ist ausgelaufen", sagt Benjamin.

Der Vater kommt mit Nina. Sie hat ein Eis in der Hand. Beide sind glücklich, Benjamin zu sehen, aber jetzt muss er erklären, was passiert ist.

„Ach so", sagt der Vater, „und wir haben gesucht und
15   gesucht und sogar die Polizei angerufen."

„Nina hat fast zwei Stunden auf dich gewartet", sagt die Mutter, „dann hat sie uns endlich angerufen."

„Ich habe aber keine Angst gehabt", sagt Nina, „ich habe einfach einen Spaziergang gemacht."

20   „Naja", sagt der Vater, „ist ja alles gut gegangen, und wir sind wieder zusammen. Jetzt fahren wir nach Hause."

„Aber ich lasse euch nie mehr allein in der Stadt", sagt die Mutter, „nie mehr."

„Kannst du aber ruhig machen", sagt Nina, „nächstes
25   Mal werde ich besser auf ihn aufpassen. Das verspreche ich dir."

ENDE

Sechs Monate später

Am 10. September 2008 steht diese Notitz im Gießener Anzeiger:

Polizei gibt auf

Die Polizei hat jetzt nach sechs Monaten die Suche nach den zwei verschwundenen Geschwistern aus Braunfels aufgegeben. Der 15-jährige Benjamin Rehbein und seine 9-jährige Schwester Nina verschwanden am 8. März spurlos während eines Besuchs im Mathematikum in Gießen.

ENDE

Gießener Anzeiger   eine Zeitung in Gießen

Aufgabe A
Wie viele Wörter kannst du aus dem Wort
PREISAUSSCHREIBEN machen?
Z.B.: Eis, Reis usw.

Aufgabe B
Hier kannst du über das Mathematikum lesen:
www.mathematikum.de
Schreibe jetzt 10 Sätze über das Mathematikum. Wann es
geöffnet ist, was man dort sehen und erleben kann usw.

Aufgabe A

Welche Wörter verstecken sich hier?
Sie stehen alle in Text.

LCSHSOS   REDBFGIRE   TÜNRSUG

TRARSITELA   CRTEHSW

Aufgabe B

Zeichne ein Gespenst und schreibe dazu eine Geschichte.
So kann die Geschichte anfangen:
Mein Gespenst heißt...

Aufgabe A
Welches Wort fehlt hier? Die Wörter stehen alle im Text.

Im Rittersaal hängen viele W__ __ __ __ __.

Die weiße Frau ist ein G __ __ __ __ __ __ __.

99 Luftballons ist kein W__ __ __ __ __ __ __ __ __.

Benjamin und Nina bekommen eine

B __ __ __ __ __ __ __.

Sie finden den Ring der heiligen E __ __ __ __ __ __ __ __.

Aufgabe B
Wir sind im Jahr 1698. Die weiße Frau ist noch ein junges Mädchen. Erzähl kurz von ihr (mindestens 50 Wörter).
So kannst du schreiben:
Johanna von Solms ist 16 Jahre alt. Sie wohnt...

Aufgabe A

Sieh dir das Bild auf der Seite 21 an. Wie sieht die weiße
Frau aus? Beschreibe sie und benutze dabei viele Adjektive.

Sie ist groß und _____.

Ihre Haare sind _____ und _____.

Ihr Mund ist _____ und _____.

Ihre Augen sind _____ und _____.

Ihr Kleid ist _____ und _____.

Aufgabe B

Hier kannst du über Schloss Braunfels lesen:
www.braunfels.de/schloss
Schreibe jetzt fünf Informationen über das Schloss.

DEINE GESCHICHTE ENDET SEITE 42

Aufgabe A

Was ist das? Die Wörter stehen alle im Text.

Hier kann man Eis essen und Kaffee trinken: C __ __ __.

Es ist eine Dame, die Essen oder Getränke serviert:

K __ __ __ __ __ __ __.

Es ist ein Platz mitten in der Stadt:

M __ __ __ __ __ __ __ __.

Es ist ein Geschäft, wo man Bücher kaufen kann:

B __ __ __ __ __ __ __ __ __ __.

Es sind Leute, die sich etwas ansehen:

Z __ __ __ __ __ __ __.

Aufgabe B
1) Was kann man in einem Café kaufen?
   Schreibe eine Speise- und Getränkekarte für ein Café.
2) Arbeitet danach zu zweit und spielt eine kleine Szene.
   Der eine ist Gast im Café. Der andere ist die Kellnerin.

Aufgabe A

Was ist das? Die Wörter stehen alle im Text.
Kinder können damit Häuser bauen:

B _ _ _ _ _ _ _ _.

Die alten Ägypter haben darauf geschrieben:

P _ _ _ _ _ _.

Es ist eine Frau, die im Mathematikum arbeitet:

B _ _ _ _ _ _ _ _.

Es ist ein Platz, wo viele Autos stehen:

P _ _ _ _ _ _ _ _.

Aufgabe B

Sieh dir das Bild auf der Seite 45 an. Du sollst nun Fragen
zum Bild stellen. Ein Partner soll die Fragen beantworten.
Tauscht danach die Rollen. So kannst du Fragen stellen:
Was sieht man links im Bild?
Welche Farbe hat Ninas Jacke?

Aufgabe A

Hier stimmt etwas nicht.
Die Wörter sind falsch zusammengesetzt.
Setze sie richtig zusammen.

Sonder – spiel

Telefon – jacke

Computer – zelle

Multimedia – angebot

Kapuzen – abteilung

Aufgabe B

Hier kannst über Karstadt lesen: *www.karstadt.de*
Du hast 1000 € gewonnen! Für die 1000 € kannst du bei
Karstadt shoppen. Suche dir in den vielen Abteilungen aus,
was du haben möchtest. Schreibe auf, was du kaufst.

Aufgabe A

Sieh dir das Bild auf Seite 39 an. Schreibe auf, was man alles auf dem Bild sehen kann. Deine Liste muss mindestens 10 Wörter enthalten.

Aufgabe B

Arbeitet in einer Gruppe zusammen und macht ein kleines Drama über das, was auf den Seiten 38 - 40 und 51 - 52 geschieht.

Aufgabe A
Welches Wort fehlt hier? Die Wörter stehen alle im Text.

Nina hat ein P _ _ _ _ _ _ _ mit einem weißen

Pulver gefunden.

Konrad hat ein M _ _ _ _ _ in der Hand.

Nina und Benjamin werden im K _ _ _ _ _

eingesperrt.

Nina flüchtet durch das F _ _ _ _ _ _.

Aufgabe B
Wer sind Caro und Sara?
Zeichne ein Bild von den zwei Mädchen, oder suche ein paar passende Fotos aus dem Internet. Schreibe dann kurz (mindestens 50 Wörter im Ganzen) über die zwei Mädchen. So kannst du schreiben:
Sara ist 19 Jahre alt. Sie hat braune Haare und...

Aufgabe A

Welche Verben passen? Schreib das richtige Verb in den
richtigen Satz, aber pass auf. Ein Verb bleibt übrig.

laufen – essen – fahren – schießen – aufmachen – trinken

Eis und Schokolade kann man _____.

Kaffee und Cappucino kann man _____.

Ein Fenster kann man _____.

Mit einer Pistole kann man _____.

Mit einem Auto kann man _____.

Aufgabe B

Ullmann ruft die Eltern an. Er spricht mit Ninas und Ben-
jamins Mutter. Schreibe das Telefongespräch und spiele es
mit einem Partner.

Aufgabe A

Welche Wörter verstecken sich hier?
Sie stehen alle im Text.

DEYDT	SWERTHECS	FUHSAUKA
DAHYN	LEZPIOI	

Aufgabe B

Der Vater will natürlich wissen, wo Benjamin war. Schreibe den Dialog zwischen Benjamin und seinem Vater, und spiele ihn mit einem Partner.

Aufgabe A

Benjamin isst einen *Pfirsich*, und Nina isst drei *Aprikosen*. Welche andere Sorten von Obst kennst du? Schreibe mindestens acht andere Obstsorten auf.

Aufgabe B

Was passiert mit Nina und Benjamin in Ägypten? Kommen sie jemals nach Hause, oder müssen sie in Ägypten bleiben? Schreibe eine kurze Geschichte, oder mache einen Comicstrip.

LÖSUNGEN FÜR A- AUFGABEN

Die Geschichte endet Seite 28:
Preis, Reis, Eis, Schau, Reise, Ei, aus, Pause
(und noch viel mehr).

Die Geschichte endet Seite 34:
SCHLOSS, BERGFRIED, RÜSTUNG, RITTERSAAL,
SCHWERT

Die Geschichte endet Seite 36:
Waffen, Gespenst, Wiegenlied, Belohnung, Elisabeth

Die Geschichte endet Seite 37:
Mögliche Adjektive: blass, lang, breit, traurig, weiß
(und viele andere)

Die Geschichte endet Seite 42:
Café, Kellnerin, Marktplatz, Buchhandlung, Zuschauer

Die Geschichte endet Seite 47:
Bauklötze, Papyrus, Betreuerin, Parkplatz

Die Geschichte endet Seite 49:
Sonder-angebot, Telefon-zelle, Computer-spiel,
Multimedia-abteilung, Kapuzen-jacke

Die Geschichte endet Seite 52:
Tür, Pistole, Messer, Tragetasche, Drogen, Toilettenpapier,
Bierkisten, Junge, Mädchen, Polizist
(und noch viele andere)

Die Geschichte endet Seite 55:
Päckchen, Messer, Keller, Fenster

Die Geschichte endet Seite 57:
essen, trinken, öffnen, schießen, fahren

Die Geschichte endet Seite 58:
TEDDY, SCHWESTER, KAUFHAUS, HANDY, POLIZEI

Die Geschichte endet Seite 59:
Apfel, Birne, Weintraube, Apfelsine, Banane, Pflaume,
Mango, Papaya (und noch viel mehr)